www.ingramcontent.com/pod-product-compliance
Lightning Source LLC
Chambersburg PA
CBHW072059280526
45788CB00006B/2324
* 9 7 8 1 0 9 0 5 1 9 9 5 5 *